Dee...

Liefste Ellen,

Ek hoop jy geniet hierdie boekie terdeë. Oom Fanus is amper nos "kultuur" hier by ons. Ek hoop net nie die fynproewer-Afrikaans laat jou te veel verlang nie!

Geseënde Kersfees en mag julle God se liefde in oorvloed ervaar tydens 2000. Ek hoop ons sal julle weer kan sien in die nuwe millenium.

Ons verlang baie!
Met al ons liefde
André, Therina &
kinders.

LEKKERKRY
met Limerieke en Limeryme

Fanus Rautenbach
Illustrasies: Andries Maritz

J.P. van der Walt
Pretoria

© Kopiereg 1993
J.P. van der Walt en Seun (Edms.) Bpk.
Bosmanstraat 380, Pretoria
Geset in 11 op 12 pt Palatino
Tipografies versorg deur Mandi Drukkers Murrayfield Pretoria
Gedruk en gebind deur Kaap en Transvaal Drukkers, Kaap
Omslagontwerp en sketse: Andries Maritz
Eerste druk 1993

ISBN 0 7993 2044 7

© Alle regte voorbehou. Geen gedeelte van hierdie boek mag gereproduseer word op enige manier, meganies of elektronies, insluitende plaat- en bandopnames, fotokopiëring, mikroverfilming of enige ander stelsel vir inligtingsbewaring, sonder die skriftelike toestemming van die uitgewer nie, behalwe redelike aanhalings vir navorsing- en resensiedoeleindes.

Limeleiding

*L*imerick *(li 'm ə rik)*, sê A.P. Grové in sy LETTERKUNDIGE SAKWOORDEBOEK VIR AFRIKAANS, is 'n *Vyfreëlige epigrammatiese versie met rymskema* aabba *en gewoonlik bestaande uit 3-voetige anapestiese reëls (behalwe reël 3 en 4 wat 2-voetig is). Daar bestaan die teorie dat hierdie digvorm omstreeks 1700 onder soldate by Limerick (Ierland) ontstaan het*... Dit kom uit 'n koor by 'n tafelspeletjie *Kom jy dan wel na Limerick?* gevolg deur 'n geëkstemporiseerde nonsiesversie gesing deur elke lid van die vrolike tafelfees. "Geëkstemporiseerd" in hierdie sin beteken "geïmproviseerd" of dan 'n "spontane nonsiesversie".

Die Oxford sê die datum is 1898. Maar ander bronne beweer dat dit gepopulariseer is deur Edward Lear (1812-1888) en dat dit eers 'n "learic" genoem is na aanleiding van sy gebruik daarvan in sy BOOK OF NONSENSE, 1846 (dink ook aan "liriek").

Maar kom ons neem aan dat die "limerick" in sy huidige vorm die eerste keer in 1898 gebruik is. Daarom wou ek eers hierdie boekie in 1998 die lig laat sien het, want dan is die "limerick" 100 jaar oud, maar ek ook. En ek het nie lank genoeg geleef om die spelling van "limerick" te verafrikaans na "limeriek" nie, maar miskien moet ek eerste wees om dit dan te doen. Hierdie onbuigbaarheid maak my "sick" (sic)!

Die limeriek het vyf reëls nie ses
nie te verwar met versvoet-res
nie 'n daktiel nie
'n kwadriel nie
ligsinnige nonsies het dié anapes!
(Let op die gebruik van die dubbel negatief: heerlike nonsnies!) Hierdie inligting kom uit DIE AMPTELIKE IERSE GRAPBOEK, gedateer 31 Februarie 1898. Met die datumstempel Limerick. Maar net die boonste gedeelte, die res is alles geboortetjies uit my eie vrugbare holte, waar my brein voorheen was.

Langenhoven sê van swaarkry:
"Jy moet jou swaarkry met lekkerkry klaarkry."
Maar ek, beterweter,
wil dit vermetel, verbeter:
"Jy moet jou *lekkerkry* met lekkerkry klaarkry!"

Kom ons kyk na die hele kringloop:
eers word daar 'n trouring gekoop;
maar die begin van die wysie
is 'n man en 'n meisie
voor die liriek 'n baba kan doop!

Klein Riekie was klein bietjie stout:
om haar kerk toe te vat, was 'n fout;
sy sê vir die diaken,
met die hemp sonder kraak in:
"Ek sê, Waiter, bring daar 'n Kouk!"

Dikbek Boet en sy vrou, Hortense,
se gholf oorskryf meeste grense:
sy vrou vra: "Wil jy, Boet,
ons nuwe gholfmaats ontmoet?"
"Nee," brom Boet, "ek ken genoeg mense!"

'n Bakker, die seun van oom Thys,
se baas het hom eendag geprys;
hy't hom disnis geskrik,
al die suurdeeg gesluk
en dwarsoor die wêreld gerys!

Ou tant Salie van der Platte
het haar slaaptyd so benatte;
die dokter sê: "Trek uit,
gaan lê en strek wyd,"
en ewe vra sy: "Om te watte?"

'n Tertjie, so ampertjies naak,
kry 'n pels, en steek toe die draak:
haar vriendinne verdoem,
vra: "Wat moes jy als doen?"
"Niks nie, net die moue korter maak!"

Een Hollandse koster, Jan Weigmij,
sien die hond in die kerk, hyg: "Krijg mij
een besem se stok,"
en toe zeg hij ok:
"Maak snel, want de donder die dreig mij!"

'n Oujongnooi, Estella van Wyk,
het nie 'n kêrel nie, maar is ryk.
'n Optimis, ek's bevrees,
sy poeier saans eers haar neus
voor sy onder die hemelbed kyk!

Ou Stoffel wat dagha aanmaak,
vat troffel en messelklei raak,
maar saans het ou Stoffel
en dit sonder troffel
self behoorlik gepleister geraak!

Ben Bouwer het van messel gehou;
naweke het hy graag aangebou,
maar toe hy begin,
bou hy hom binnekant in;
hy was gou oor die muur, sê ek jou!

'n Boekhouer Jan van der Blou
word genooi na 'n biblioteekskou,
maar foei tog, haai reken,
hy moes erkentenis teken,
want hy het al wat boek is gehou!

'n Vernuftige vernister het gister
'n kas gaan vernis vir sy suster.
Sy suster, Griet Geel,
was gister nog heel;
maar die geraamte in die kas, 'n minister!

My ouma is nie meer so kloek nie,
sy lees nie eens Bybel of boek nie;
   sy het aspris laas week
   haar leesbril gebreek:
"Nou hoef ek hom nooit weer te soek nie!"

My gierige oom wat oom Koos is,
het 'n hardhorende vrou wat soms boos is;
   sy't haar oorstuk verlê;
   wat wil sy nou hê?
'n Krismisboks wat 'n oordoos is.

My pyp het sy maklik gerook,
met vuur dit ontstoke gestook,
   maar my brein maak alarm,
   want die meisie word so warm
dat die water op my knieë begin kook!

Die meisie sê nee en dis seer so;
die meisie sê ja en dis weer so.
     As jy my wil vra,
     kyk eers na haar ma,
want jou vrou word netso, maar meer so!

Klim in en kom ry insomnibus,
vegetariërs wat sukkel om te rus:
     as jy nie kan slaap nie,
     tel dan nie skaap nie,
maar wonder waar al die dom koolkoppe is!

"Daar's een trein om een," sê ene oom Ross.
"Gee my dan een vir een," sê ene De Voss.
"Dis dertien honderd uur,"
sê die stasiemeester suur.
"Sal een om een meer as een rand koss?"

'n Liewe tante van my, tant Betse,
is maagdelik rein, sonder fletse,
tot 'n mannetjiemuskiet
sukkel verniet,
maar nou swel sy op van die tsetse.

Hy't gerook en was so lief vir wyn,
hy't sleg sy gesondheid ondermyn.
Sy dokter, vererg,
sê: "Meneer, jy gaan sterf!"
En hy word toe getrap deur 'n trein!

'n Ierse wildjagter en 'n Skot
kry 'n dom Britse gids, wat 'n sot:
na die eerste dagga
vang hulle 'n kwagga,
maak hom mak en noem hom toe "Spot"!

Ek moet jou nog die storie vertel:
ons sien 'n Ier met een skoen versnel;
ons vra in 'n koor:
"Het jy een skoen verloor?"
"Nee," sê die Ier, "een opgetel!"

'n Ierse boer, ons noem hom Tom,
vervoer sy beeste na Pom-pom.
Vra die een bees,
rondgeskud en bevrees:
"Dink jy ons sal lewend by die slagpale kom?"

'n Kaaskop, wat moeg en gedanus
en romans vang (en skryf) op Hermanus,
vra kaalbas op die sand,
op Hollands, amusant:
"Grote gaats, wat rijm toch met Fanus?"

"Bring enigiets saam, van 'n kool tot 'n koei,"
sê Juffrou wat die kinders wou boei.
"En wat sê Oupa, my skat,
toe jy sy ysterlong vat?"
"Nee, al wat Oupa gesê het, was foeeeeeiiii!"

'n Hoenderboer, die uitvinder, Manders,
verbyster die boere-omstanders:
hy't 'n eend en 'n hoender
in 'n broeiplek geboender:
party kuikens was eenders; die ander anders!

'n Enigste kind was Sammy Sklaar,
'n regte skisofreen, dis maar klaar.
Toe hy sy ma se graf delf,
troos hy homself:
"Gelukkig het ons darem nog vir mekaar!"

'n Eggenoot wat ongelukkig is,
is die pasgetroude masochis.
"Jy moet my slaan!"
por hy sy bruid aan,
maar sy wil nie, want sy's 'n sadis!

'n Jollie klein Joodjie van Napier
wil ook Kersfees soos die plaasboere vier,
maar sy pa, sy held,
sê dis geld wat geld
en skenk hom 'n Jode-klavier!

Lief vir skinder is Lalie Luyt,
Lalie's 'n lawwe babbeltuit.
Lieven-loven
Langenhoven:
"By die een oor in, by die ander mond uit!"

Die eende verys, verkluim, verklam;
die boer sien die eende, die boer skiet bam!
Die eende skree: "Kwaak!
Wat nou gemaak?"
En die eende vlieg weg — met die ys en die dam!

'n Krygkor-konstabel, Kat Malan,
lek aan 'n lek wat lek uit 'n kan.
Daar kom toe 'n wind,
hul't hom later gevind
in 'n windmaker-sirkus in verre Japan!

Besoedeling gee my 'n pyn:
"Hou ons land en ons stede tog rein!"
skryf iemand in 'n brosjure
en strooi dit alle ure
op die sypad en selfs in my tuin!

'n Kranige skiër, ou Koen,
wou dit graag op die afdraande doen;
op die volgende krans
gebruik hy sy kans,
maar sy't hom 'n sneeubal laat soen!

Oom Jannie wat 'n meneer was
en ook op 'n keer in die leër was,
sê vir nig Stella
hy is gewond in Dardenella
en sy vra of sy dardenella baie seer was.

Daar was 'n jong juffrou Van Eden
wou 'n appeltjie skil hier beneden;
    sy was nie bang nie
      vir die lustige slang nie,
sy was ampertjies Eva van Vreden.

Op die grootwiel ry Skousannie Breedt;
sy't die pad na die grond toe gemeet.
     Sannie kyk af,
        die hotdog begin blaf
en wys vir almal wat het Sannie geëet!

Hier's 'n droë grap van my tant Lettie;
sy is nie arm of ryk, maer of vet nie:
     maar sy droom soos 'n gek
        dat haar waterbed lek
toe sy onthou dat sy nie een het nie!

Ons weet nou dat die geheim ontrafel is
waarom daar net een aan sy tafel is.
     Dis nie dat hy nie wou nie,
        dat hy nooit wou trou nie,
maar omdat hy 'n vredemaker en pasifis!

Middeljarigheid is 'n plaag
en dis wat aan 'n ouman knaag:
    vroeër op sy knie
    sit twee meisies, of drie,
maar nou rus daar *een* — en dis net sy maag.

Saans sit hy tevrede by die huis,
voor sy televisie voel hy tuis.
    Hierdie moderne mens
    het net een TV-wens:
hy hoop hy leef langer as sy buis.

Daar is baie onheilige plekke
en bloufilms is vir die gekke;
    daar is mense wat nie hoort nie,
    maar ek sê nie 'n woord nie,
want een van die sterre was ekke!

Hy't 'n goeie vrou, hy wil haar loof,
tussen haar en kwaad 'n wye kloof;
hulle is arm
en alles is warm,
behalwe die yskas en die koue stoof.

Iewers in die kabel is die kinkel:
koop jy koljander; koop jy vinkel.
      Net waar jy kyk,
        het hul die brood verryk;
hul bak en brou en verryk nou die winkel!

Die mis moet grof en die grond moet fyn wees;
jy moet kennis hê en Kristo se boek lees;
      vir tuinsukses
        hierdie kleurryke les:
vir groen vingers moet jou knieë bruin wees!

'n Blomtuin kry jy nie maklik klaar nie.
Beplan jy dit nie jaar na jaar nie?
    Maar sal die tuinmeneer
      ooit dit van blommetjies leer:
hoort sweet-williams en pansies dan nie bymekaar nie?

Geloof is in kerke, predikante wat praat;
geloof is in die wette van die groot advokaat,
    maar vra 'n tuinier
      en hy sê dis hier:
in die aankoop van 'n pakkie blommetjiesaad!

Seksie Sorita van der Wyne
noem haar onnoembare pyne.
Sy vra blosende: "Wat moet ek maak
met my kleertjies, so naak?"
"Gooi," sê die dokter, "dit sommer op myne!"

In dié hotel kan jy nie wen nie,
al kos jou kos ook net 'n pennie,
want in die louwarm sop,
dryf 'n brommertjie op:
hy kon vlieg, maar hy kon nie swem nie!

'n Vroutjie, ek vergeet nou haar van,
bou 'n voëlbad, so goed sy maar kan.
Sy't haar vreeslik geskaam,
hul bad dan so saam;
links merk sy toe "mossie", regs maar "man".

Sy spaar al haar geld vir die Ritz
en spring in die bad net soos blitz,
    maar ek is bevrees
    sy gaan hardekwas wees,
want die sjampoe was 'n botteltjie gipz!

Twee skurke, ou Dit en ou Dat,
wou geld steel en het die venster laat spat,
maar toe ou Dat sê: "Ou Dits,
dis die biblioteek, man, my gits!"
toe het die twee maar boeke gevat!

Daar was 'n jong werker van Krygkor
kry kruit sonder twak aan sy hangsnor,
met 'n sigaret in sy bek
wou hy 'n vuurhoutjie trek;
daar *was* 'n jong werker van Krygkor.

"Oppas, oppas vir die duisendpoot,
as hy jou byt, lag jy jou dood,"
maar die beste humorsin
is die lawwe hiëna s'n,
want as hy jou byt, lag hý jou dood!

'n Ongebruikte San Blankerskoen
wou so graag 'n kêreltjie soen.
Sy sien 'n man onder haar bed
en vra met maagdelike pret:
"Wat gaan jy asseblief aan my doen?"

Petro, die niggie van Peter,
is 'n drinker, 'n vryer, 'n eter.
As sy soet is, is sy baie soet;
as sy goed is, is sy baie goed,
maar as sy stout is, is sy beter!

Aristokraties is Rita van Graan
met 'n neus soos die nek van 'n swaan,
    maar ek is bevrees
    sy volg eiesinnig haar neus
en nugter weet waarheen sy gaan.

M ooi Annie en skoolkaptein Nort
het op skool al traantjies gestort,
   mekaar nooit weer gesien nie,
   maar wonder na 'n reünie:
hoe het die *ander* so *gou* oud geword?

Twee ou skoolmaats, die asems fluit,
is op die afdraand, tot hul spyt;
      die bene kla
      en hulle vra:
"Hoe kom ons ooit die afdraand uit?"

Ons landbouminister Sloot van der Wal
staan by sy besluite, hy staan pal:
      die surplus word suur,
      die suiwelprys duur;
hy't met sy botter in die gat geval!

'n Naweekboer van Bronkhorstspruit
se jong bul dink dis pubertyd.
Die koei se drange drup enorm
en toe die bulletjie haar storm,
word hy te dors en suip haar uit!

'n Skamerige nooientjie van Nantes
ontmoet toe 'n man wat galant is.
    Eers sê sy nee,
    maar toe sy haarself gee,
word al haar drie susters drie tantes!

Oortollig van haar toon tot haar kop
het sy alles in haar aandrok geprop,
maar, o, liewe gits,
toe breek haar agterste rits
en van voor af beland sy in die sop!

'n Limeriekmaker van Japan
word uit sy limeriekkring verban.
Die voorsitter sê speels:
"Daar is vyf goue reëls,"
maar hy sê: "Ek wil altyd in die laaste reël
soveel woorde inkry as wat ek kan!

Drie vrekke in die sneeu, nee twee,
sneeu vas in hul huisie sonder slee.
Daar's 'n klop aan die deur:
"Dis die Rooi Kruis, Meneer!"
en hul sê: "Ons het laas jaar gegee!"

'n Beeldhouer, Bytel B. Bambach,
is skoon verlief op sy ambach.
Die meisies wat hy maak,
kom kaal uit, en naak,
want by Bambach is elke dach wasdach!

'n Romeinse soldaat, Benvonassi,
vry Cleo met die nodige passie,
maar sy blikuniform
was sterk en enorm
en haar bliksnyer nog in haar tassie!

'n Visterman soek vir sy vrou
'n vis waarvan sy sal hou.
Hy vang haar toe twee
en sê toe hy dit gee:
"Dié kabelmy; daai kabeljou!"

'n Visterman van Natal, Jan Visser,
was lus, maar die vis was toe lusser
     en net om die draai
     kry hy 'n withaai
en die haai vang sy vrou en vir Visser.

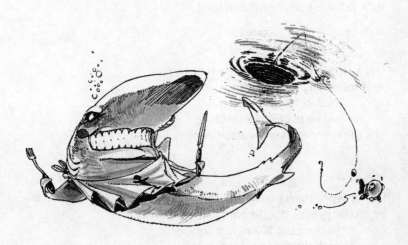

'n Skewebek sangeres in die koër
se stem gaan toe hoër en hoër.
    Bach net 'n bietjie
    met daai hoë liedjie,
te baie Bach kan mens vermoër!

Die kameel, die skip van die woestyn,
se dors sal kwyner en kwyn.
    Hul sê heelwat later
    sal sy lus vir drinkwater
nes die mens s'n verander in wyn.

Die Japanse trein wat so knars,
ry na die geisjas dat dit bars.
    In die trein Koos van Tonder
    wat altyd nog wonder:
lê die lêers van Tokio tog dwars?

'n Ipekonderlyer sonder raad
sluk saans ses pakkies jonguiesaad
    en twee weke later
    begin alles te water
en hy spuit almal nat as hy praat!

My klein dominie-oom, klein oompie,
buks, soos 'n bonsai-klein-boompie;
    ons oom, oom dominie,
    praat nie van 'n kondomini,
hy noem dit sommer kondoompie!

'n Skooljuffrou, Martietjie Geyser,
word toe 'n plaasonderwyser,
    maar sê een van die platjies
    deur die longdrop se gaatjies:
"Ons meneer is 'n vrou-sonderwyser!"

Hy gril toe hy die bloukaas so hap
en hy dink aan 'n eertydse grap:
    uit pure verleentheid
      sê hy: "Ek dink eentyd
het dié kaas in iets anders getrap!"

'n Boemelaar van Longdrop, ou At,
was so maer soos 'n rondloperkat;
    sy rafel-kruisbande
    beef uit sy hande
en toe sien hy en val deur sy rymwoord,

Jan bewonder die ryk man se woning,
hy't als, en leef soos 'n koning.
    Onsmaaklik sê hy: "Jan,
    ek's 'n selfgemaakte man!"
En Jan sê: "Ek aanvaar die verskoning!"

Die waarheid is wreed en is naak,
en 'n woord kan die eie trots kraak:
   die politikus bely:
      "Jy maak 'n gek van my!"
Maar 'n gek kan net self ene maak . . .

Die verkiesingkoors wil nie gaan lê nie;
dis nie wat die kiesers wil hê nie.
      "Waaroor het die kandidaat
         amper twee uur gepraat?"
"Ek weet nie, hy't toe nooit gesê nie!"

'n Visterman vol nukke en grille
meng sy aas met lekkerliegpille.
      Hy trek uit die see,
         nie een nie, maar twee
ongelooflike groot kabeljulle!

Die bruid, die dogter van ds. Stander,
was vinnig van woord en ook skrander.
　　"Sterk drank is verbode,
　　en ligte wyn in die mode,
maar wie't dié wyn in water verander?"

'n Blondie, Fanny van der Wal,
gaan as 'n koerant na 'n bal,
　　maar, o, liewe land,
　　die warm nuus begin brand:
die voorblad, die sportblad, en al.

Uit Namakwa oom Sarel van Schroter
ry see toe in die kinders se motor.
　　Dis sy eerste keer see,
　　hy sê: "Kjenners, ag nee —
dan had ik gedink hy was groter!"

Twee uile gevang in 'n wip:
'n mannetjie en 'n nonnatjie-snip.
    Die mannetjie sê vaak,
      sy stem begin kraak:
"Nou's ek lus om 'n uiltjie te knip!"

Langs sy mamma in die kerk, klein Wiesie,
stop jelliebabas in sy klein kiesie.
    Hy hou toe indaba
      met 'n swart jelliebaba:
"Kom, tattie, sê tatta virrie miesie!"

'n Blondine wou net gaan baai
toe die wind haar bikini wegwaai;
    sy sien 'n man kom
      en sy vra vir hom:
(ag, die laaste reël is darem te fraai!)

Nou het ek gelukkig dié klaarheid
wat hul vertel vir die waarheid:
 daar's net twee blondiegrappe
 in die kroeg op die lappe,
die res is alles die waarheid!

'n Professor in musiek, Noot de Vosch,
verloor sy boek en sy broek in Stellenbosch;
 in die konservatorium
 in die Bach-oratorium
het 'n windblaser 'n paar knope gelosch!

Na maagdelike tandegekners
snuit haar man die bruilofsnagkers.
 'n Sterretjie verskiet
 in sy hart is 'n lied:
ai, maar dis 'n bul van 'n vers!

Ou Kallie, nie baie geleerd nie,
is kalm en glad nie gesteurd nie.
 Hy skeur toe 'n laken.
 "Voor my vrou!" sê die diaken.
Ou Kallie't nie geweet dis haar beurt nie!

'n Stouter, Jasper van Tonder,
se drie vrouens het ons laat wonder.
 Toe ons vra: "Waarom drie?"
 Sê hy: "Twee's bigamie
en *een* steel altyd my donder!"

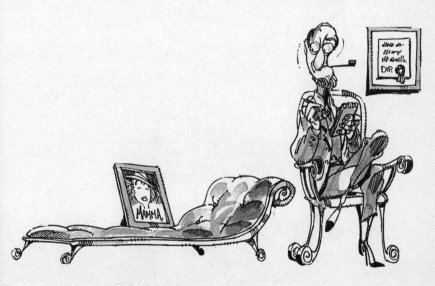

Sê Oedipus Rex, wat hom pla,
is die dokters wat altyd so kla.
 Ontsteld is hul kamma,
 want hy's lief vir sy mamma,
maar weet hulle hoe lelik is sy pa?

"Ek voel twintig jaar jonger," sê ou Geer,
"as ek soggens net na ontbyt skeer!"
    "Dit is fantasties!"
       sê sy vrou, Sara, kasties:
"Teen bedtyd moet jy skeer probeer!"

"Sal jy môre ontbyt by my eet, Tom?"
vra die mooi blondine vir hom.
       "Natuurlik, my lief,
          maar sê my 'seblief:
moet ek daar wees of moet ek nog kom?"

Die ginekoloog ondersoek haar gou:
"Ek het goeie nuus vir jou, Mevrou!"
       "Dok, ek was stout,
          ek's nog ongetroud ..."
"Dan het ek *slegte* nuus vir jou, *Juf*frou!

Die jong blondine is vreeslik geëerd,
want haar kêrel is vreeslik geleerd,
    maar toe hy sê sex
    gee hom 'n pyn in die nex,
sê sy dan doen hy dit vreeslik verkeerd!

Hy kon alles doen, Faan van der Veen,
hy kon bou, hy kon sweis, en kallertjie speen.
    Om gordyne te maak,
    was 'n maklike taak
en tog moes hulle 'n kindjie aanneem!

As jy kruisings wil maak, moet jy jou roer;
sê nou maar jy wil met kameelperde boer.
    'n Kameelperd so bont
    met 'n Rottweilerhond
en jy't 'n kwaai waghond op die boonste vloer!

Die Minister van Landbou, gawe oom Uys,
sê: "Ek sal die suiwelboere wys
    om melk te weier, is twak;
    ek sal die bul by die horings pak
en melk by die boere vir die Melkraad eis!"

Begrawe vandag is ou Joe,
hy't vir hom 'n longdrop gebou.
    Joe's nie vermoor nie,
    hy't ook nie versmoor nie;
hy't net sy asem te lank opgehou!

"Probeer is die beste geweer,"
so het my oupa my geleer,
    "maar hoog in die takke, my kind,
    kry daai boom die meeste wind,
maar dis weer 'n perd van 'n ander kleur!"

"Genoeg is genoeg," sê oom Geel.
"Min of meer reg," sê tant Neel,
    maar my pa se lessie
    sê in die depressie
was min niks nie, en genoeg te veel . . .

Vir geld help dit nie om te swoeg nie,
al word mens vir geld ook nooit moeg nie.
    Wat kan geld my dan skeel:
    jy't óf te min óf te veel,
maar van geld het jy net nooit genoeg nie!

'n Suinige miljoenêr, Van Eck,
hou sy beurs op 'n geheime plek.
    Toe die blondine hom vra
    waar hy sy geldjies dan dra,
sê hy dit traak nie hy betaal deur sy nek!

'n Vrolike weduwee, Bettie,
het getrou, met koek en konfettie;
toe hulle gaan slaap,
sê sy vir haar Jaap:
"Jy't 'n rek, maar waar is jou kettie?"

'n Hoenderboer van Potchefstroom
smous sy mis aan 'n dikbek oom.
"Moet ek hierdie strooi
oor my aarbeie gooi —
ek dag dan dis lekkerder met room?"

Sy was so rond soos 'n 0 en so sag;
almal het vir die nul so gelag,
maar sy vat toe 'n lint,
het haar middel ingebind
en verbeter die 0 in 'n 8!

'n Professor van Potch, my oom Tjaar,
het op sy geboortedag verjaar;
    hy het saam met sy vrou
    op hul troudag getrou,
met sy dood is die rymwoord ook klaar.

Maagdelike Maria Masson
dra nooit 'n suggestiewe japon;
    toe sy haar Lodewykstoel
    se kaal pote voel,
kyk sy kuis na haar kamerplafon!

'n Britse eerwaarde, Stan Stoke,
gooi ietsie by sy botteltjie Coke;
    met 'n vurige streek
    hul aan die brand gepreek,
sê die sondaars: "Oh, look, holy smoke!"

'n Ier het die kroegman, Breda,
vir 'n bier in 'n skoon glas gepla.
    Hy bring toe twee biere
    en vra aan die twee Iere:
"Wie't nou weer die skoon glas gevra?"

Kooivlooi sê: Die koeël is deur die kerk,
en dit maak onse dominee berserk;
    hy demonstreer 'n geweer,
    almal dink hy laai al weer
en dit gee mister Koster meer werk!

"Rome is nie in een dag gebou nie."
Die bouers kon nie klippe kou nie.
    "Môre is nog 'n dag."
    "Maar kyk wie laaste lag."
Miskien kom die sement nie so gou nie!

Dis nou aartjie na sy vaartjie,
die liefde maak 'n allegaartjie.
　　　Hy lyk soos sy,
　　　sy lyk soos hy
en Sarel lyk op 'n haar nes Saartjie!

Twee koppe is beter as een,
nou trek almal wat leef my been;
　　　nou moet hierdie tweegesig
　　　oor spreekwoorde dig
en die laaste reël is daarmee heen!

Die laaste eeu, sê dié wat jag,
is min gevang deur leeus in die dag.
　　　Meeste mense het net
　　　gesterf in die bed;
gaan liewer jag as slaap in die nag!

'n Man genaamd Inflasie-Frik
weier om vir koue pampoen te skrik.
　　　Hy sê: "Watwou!
Hang 'n skaapboud aan 'n tou
en met pap in die hand word dit 'pap-en-tik'!"

Dis 'n gawe, Afrikaanse grap,
die Valies eet dit met elke hap.
　　　Kontradiksie in terminus,
　　　want hoe kan wat in sy derm is
"stywe pap" wees, want "pap" is tog slap?

Miskien hou dit met die spreekwoord verband;
dit is vir rokers met bietjie verstand,
　　　maar ek hou die lisensie
　　　vir hierdie advertensie:
"Waar 'n rokie trek, moet 'n Rembrandt!"

Pollie Kramer se broer, Dolly, die Jood,
se drankwinkel is soos 'n sokkerveld groot.
    By die betaal-kasregister
    sê ek vir ons dominie, gister:
"Kyk wat gee die man my en ek vra hom 'n brood!"

Ekonomie was sy beste vak,
maar sy geldmaakstories pure twak:
    "Jy sal net sien
    wat ek gaan verdien
as ek 'n bottel vol drank soos 'n brood kan verpak!"

'n Dronklap was oom Kosie Luyt;
die dorp neem toe 'n groot besluit:
    "Sit hom in 'n doodkis;
    hy sal dink dat hy dood is!"
Maar het 'n spook so 'n moewiese fluyt?

Die dorp het hul een nag weer bemoei
die saal omgedraai met groot gestoei.
 Hy hou wat hy werd is
 sy vinger waar die stert is
anders het sy kroegperd haar doodgebloei!

Ek glo dit nie,
ek weier:
die grootste gogga op aarde
is die hippopotamiskruier?

Toe die gemeente 'n biddag
vir die droogte reël,
vra die Christen vir die dominee:
"En waar is u sambreel?"

Hul't nes gemaak,
die laksman en sy vrou.
Die voël het alles vir haar aangedra,
alles wat sy wou:
takkies en blaartjies,
veertjies en haartjies
en vir sy opvolger
'n tou . . .

'n Taj Mahal
van riffelsink;
'n volvloermat
wat na beesmis stink.
Sy raak aan die mis
en vingerverf patrone,
terwyl sy dink:
"Blommetjie, die bont koei,
die heilige bees,
sal nou ewiglik onsterflik,
nes Picasso wees..."

'n Jappie het een kind
of 'n sus of 'n boet;
is 'n jappie se kind dan
'n ware japsnoet?

Die TV-onrus in die Vrystaat
is iets van die verlede,
" 'Cause almost back to normal
is the peace in Vrede!"

'n Limerym van 'n jaloerse pa by die see . . .

Gaan dit goed met die jongman,
met Absalom?
Dit gaan goed:
hy is gesond,
en sestien,
en boer in Margate,
maar sy vader was
jaloers op sy seun
en sestig
en sy hande het gebeef;
hy het sy klere geskeur
en geween:
"O, Absalom, my seun,
my seun, Absalom —
as ek maar
in jou plek kon leef!"

Die vreemdste van 'n vlieg
is dit:
dat dit minder vlieg,
en meer sit!

Eendag in die kerk
het ek dié een van Ogden Nash verwerk:
"Ons kan sonder 'n vlieg klaarkom
(Hy het tot 'n vlieg geskape),
maar net die Here weet waarom . . ."

Ook dié een
van Jan Pohl gelees:
"In die somer loop my voete,
in die winter loop my neus!"

As die haan weer kraai,
hou hom maar dop:
hy knyp sy oë toe,
want hy ken die wysie uit sy kop.

"Piet-piet-my-vrou!"
roep sy nou.
"Wie roep jy dan?"
"Ek roep Piet-my-man!"

Ons het twee latrines:
een krip, en een kan.
Die kan se naam is piep-my-vrou,
Die krip: piep-my-man!

Elke aand, voor sy gaan slaap,
sal Sophie de Wit,
gereeld vir haar siek vriendinne bid,
maar met die ouer word,
het haar lysie langer geword
en Sophie sê wat haar nou hinder:
haar bidtyd word meer,
maar haar slaaptyd al minder.

en

Elke aand, voor hy gaan slaap,
sal Willem de Wit,
gereeld vir sy siek vriende bid,
maar met die ouer word,
het sy lysie al korter geword
en Willem sê wat hom nou hinder:
sy bidtyd en sy vriende word minder.

B id
is nie bedel nie,
hoef jy mos nie toe-oog
te kniel nie.
Nee, dan sit jy sommer
in die kombuis
waar jy jou inkopielys
aan die Liewe Vader wys.

As ek net hierdie liefde kon bottel
vir eensame aande alleen,
maar waar kry ek genoeg inmaakflesse
vir hierdie onverwagte seën . . .?

Kom vry die boere sit-sit so;
hulle sal nie staan en ouers vra nie:
nee, hulle gaan eers lê
voordat hulle ouers sê.

Inflasie-vakansie?

Die wind het wild gewaai die nag,
die see sy golwe hoog gestoot
en op die vuil strand na die nag
was hul vakansie skielik dood.

Kom lees my lippe:
naasteliefde maak my dol;
wat maak ek met al die klippe
wat ek daagliks uit jou pad uitrol?

Wek,
wekker,
wekkerste.
Van sit en staan
is lê nog die lekkerste.

Elke oggend oor die stereo
word al die oudstryders gelukgewens;
jy moes dit al gehoor het.
As jy al die Boerestryders tel,
hoe kon die Boere ooit
teen die Ingilse verloor het?

G'n wonder dat ek
nie 'n Rembrandt Rupert is nie,
want hy wat nie in wonderwerke glo nie,
is nie 'n realis nie.

Ek kom by 'n boer,
ons loop in sy land;
hy pluk die sappigste groentes
met eelte in sy hand;
ek is jaloers
en ek begin vis:
"Sê my, Oom,
wat gebruik Oom —
watter soort mis?"
Toe sê die boer
— en dit moet jy hoor:
"Die beste soort mis
is die baas se spoor!"

Ek het dit nooit verstaan nie,
want ek kon nie lees nie,
maar ons skool se leuse was:
"Moenie dom wees nie!"

"Wat dink jy, ou Simon,
wat dink jy?"
"Ek dink hom die dae wat was;
ek dink hom die gras;
ek dink hom daai groot voël;
ek dink hom die das:
nou daai groot voël
hy gryp hom die das,
ek dink jy dink ek lieg,
maar ek dink daai das
wat so skree en skree,
hy laaik bokkerôl om te vlieg!"

Ek vra die matador
waarom hy gekul is.
Hy sê omdat die tjek
kleiner as die bul is.

Ek wikkel vir my 'n tafel
in die doringboom se bas.
Hy lyk maar windskeef, uitgerafel,
maar hy is brandewyn-en-waterpas.

"Cogito, ergo sum."
Jammer, ek moet dit noem:
ek is, daarom dink ek.
Met apologie aan Descartes:
ek doen, daarom stink ek.
"Cogito, ergo sum."
Jammer, ek moet dit noem:
ek dink, daarom is ek.
Ek drink, daarom rym ek.
(Natuurlik het jy gewis:
Q.E.D.: wat rym met "is"?)

Ek wys dit vir my beter deel
(soms kan sy my verveel).
Sy sê 'n man wat so swak met woorde speel,
kan maklik pampoen eet
en jy weet:
as jy pampoen eet, kan jy ook steel!

Vandag spog jy by jou kinders,
noudat jy kan ry en koop,
en elke keer het jy verder
in die ryp skool toe geloop.

Dit gaan by ons anders
as in ander lande:
ons het pampoene op ons dakke,
daai pampoene, verbande!

Op skool het ons
dié liedjie gesing:
"Wen is nie alles nie,
dis die enigste ding!"

As drome te koop was,
wat sou jy koop?
Geluk en liefde,
of net 'n klein bietjie hoop?

Om blind te wees,
is nie iets wat iemand verdien nie,
maar gelukkig is die blinde wat sê:
"Ek is nie blind nie,
ek kan net nie sien nie . . ."

Om hoopvol te reis,
is beter as om te arriveer,
en die grootste sukses
lê in die probeer . . .

Hulle sê dis beter om te lewe
om binne-in die lewe te wees,
maar ek weet nie so mooi nie,
ek sal liewer lees . . .

Jy wil 'n skrywer word?
Moenie nou skrik nie:
jy sal nooit kan skryf
as jy nie kan tik nie!

As jy net altyd kwaad word
en almal kritiseer,
dan het dit tyd geword
dat jy ietsie leer:
as jy nie van televisie
en ander mense hou nie,
skakel net af
en moenie meer kyk nie,
maar vra jouself af:
as ekke dan so slim is,
hoekom is ekke nie ryk nie?

Dale Carnegie sê:
"Wat 'n genade,
sit jy met 'n lemmetjie,
maak limonade!"

In die woorde van
professor Daan:
"As jy 'n stok het,
sal jy 'n hond kry om te slaan."
Skommel die woorde,
skud dit bietjie rond:
"Ek het 'n stok,
nou soek ek 'n hond!"

Hengel is nie
wat jy dink dit is nie:
want hengelaars vang alles,
net nie vis nie.

Samuel Johnson sê:
"Hengelaars is skrander,
met 'n wurm aan een ent
en 'n gek aan die ander!"

Hengel is presies
wat jy dink:
dis goedkoper
om by die huis te drink.

Tommie die tuna
was verloof aan Minnie die meermin,
maar hy het nie met haar getrou nie.
(Dit was nie dat hy nie wou nie!)
Die rede klink min of meer so:
sê Tommie die tuna:
"Het jy gesien hoe lyk sy bo?"

Wat is lekkerder
as 'n grap?
Dis om te jeuk
en as jy jeuk
om te kan krap.
Maar my vrou sê:
"Jy is dom.
Dis as jy wil krap
om by te kan kom!"

"Het jy geweet:
elke keer as ek asemhaal,
sterf daar iemand hier,
en nou praat ek nie eens
van ander lande nie."
Sarkasties sê my vrou:
"Hoekom borsel jy
dan nie jou tande nie?"

"Elke keer hoor ek die woord
'idioot'.
Ek hoop nie jy verwys na my nie."
Neerhalend sê my vrou:
"Jy oorskat jou eie waarde:
dink jy jy is die enigste op aarde?"

"'n Man is oud,"
sê my oupa,
"en ek jok nie
vir jou nie,
wanneer sy gedagte
'n afspraak maak,
wat sy lyf nie kan hou nie!"

"Jy sal dink die man is oud,
hy is amper dood,
maar van Amsterdam se wal
spring hy
gereeld nog in die sloot . . . "

Mavis word jonger by die dag,
my allemintig:
tien jaar gelede was sy 30,
nou's sy vyf en twintig!

"Moenie oud word nie,"
sê my slim oom Koen.
"Wat my nou die heelnag vat,
kon ek die heelnag doen!"

Twee aktrises woon saam;
die bure begin nou skinder:
"Die een het nogal 'n boerenaam,
dink jy hulle is boesemvriendinne?"

Jappies drink sonbrandpilletjies
en dra sondonkerbrilletjies
met toutjies en frilletjies;
jappies het nie dimpels nie,
en ook nie lagrimpels nie,
want lag is nie vir jappies nie;
sien, jappies ken nie grappies nie.

"Môre, oompie, môre, tannie,
waar's vet Sannie dan?"
"Vet Sannie het gaan water haal
daar onder by die dam."
Vet Sannie sien 'n seekoei;
vet Sannie word toe bang:
vet Sannie dink die seekoei
gaan vet Sannie vang.
Die seekoei storm Sannie
(dis 'n gekkespul)!
Sy wil nie vet Sannie byt nie,
want hy's 'n seekoeibul.
Wat wil hy dan met Sannie?
Dink maar wat jy wil . . .

'n Renosterhoring
is potent?
Dit kannie wesie:
as dit waar is,
waarom noem ons hom dan
'n bedreigde spesie?

Sê die renostervroutjie,
en haar hartjie bons:
"As jou horing so potent is,
waarom is daar dan so min van ons?"

Die olifant is lank in die tand;
die kameelperd lank in die land;
langer as leeus,
en luiperds of tiere,
dit laat hom sprakeloos neersien
op al die ander diere.
Sprakeloos?
Dit is nou nie jou saak nie,
maar 'n kameelperd kan nie maak nie.
Jy sien:
'n voël fluit,
'n bok blêr,
'n haan kraai
altyd iewers daar ver.
'n Hiëna lag,
'n skilpad wag
en 'n leeu brul:
as kameelperde nie kan maak nie,
waarom is daar dan soveel van hul?

Afrikaans gaan toet en taal
in die stryd die boonste paal haal,
maar jy moet hom ken
om als vas te pen,
want soms klink dit vreeslik banaal:
as jy die taal heel anders wil maak;
as jy in 'n dam branders wil maak,
vat jy die taal
en hoogs lateraal
kan jy 'n nuwe woordeboek maak.
Nou moet jy mooi oplet:
jy vat die ou alfabet;
die ou ABC
en dan moet jy dit net 'n kinkel G!

A fer kaner
B ve rasie
C ve jaartjie
D fi rensiasie
E ve neens
F fe kleurig
G ver lof
H ver mout
I ver ster
K fer rivier
L fe amper 'n dosyn
M fi seem
N so voorts!
O ver spel
P fe reer
Q ve haal asem
R fe nis
S vir vuurmaak
T ver geefs
U ve dienswillig!
V ver haal
W ver kuns
X vir seks
Y ve rig
Z vir voëltjie!

Ambagte van A tot Z

As aptekers pil-sierig is
en bakkers broodnodig is,
is dit dan so dat as Christene gelowig is
dominees oorbodig is?
As elektrisiëns skokproef is
en fotograwe negatief,
is dit dan so dat gekke bedroef is
en humoriste positief?
As 'n ingenieur meganies is
en 'n juwelier baie edel,
is dit dan so dat 'n kaalkop hipomanies is
en die liefde bedel?
As 'n motoris die kluts kwyt is
en 'n neuroloog se senuwees gedaan is,
is dit dan so dat as 'n onnie spyt is
'n politikus te verstaan is?
As 'n radio-omroeper sy stem dik maak
en 'n spreker daar sit met 'n mond vol tande,
is dit dan so dat 'n tandarts gat skoonmaak
'n uroloog blase het op die hande?
As 'n voorman agteraf is
en x voor op die wa,
is dit dan so dat sex vir 'n ystervark laf is
en baie zeer is as jy my vra!

Hoe groet onse mense?
Hoe sê hulle dag?
En gee hulle goeie wense?
Ek vra hul alfabeties,
sommer mense in die straat:
"Hoe gaan dit nou?"
vra ek die advokaat,
en hy sê: "Onskuldig!"
Ek vra die B.A.-student,
en hy sê: "Onkundig!"
Die C-man sê hy's naar;
die direkteur voorwaar
sê nes die egoïs:
"Met my gaan dit altyd goed!"
Toe kom ek by die filmster
met donkerbril en hoed
en ek vra: "Hoe gaan
dit met die mooiste meisie
in die wêreld, weet u miskien?"
En sy antwoord slim:
"Ek sal haar vra
as ek haar weer sien!"
Ek sien die geoloog en vra

"En hoe gaan dit met Oom?"
Hy sê: "Ou seun, *klip*-disselboom!"
Die haarkapper tel sy skêrtjie op:
"Met my gaan dit op sy kop!"
Die inkwisiteur: "Moet mý nie vra nie!"
En die jappie kan nie kla nie.
Die kannibaal sê: "Dis lekker mens!"
Die leuenaar: "Jy sal my nie glo nie . . ."
Die meulenaar sê: "Man, ek wens
ek kon sê ek maak die pap te dik aan,
maar dis nie so nie."
Die nar lag net en kyk weg;
die ongeluksvoël sê dit gaan sleg.
Die politikus vra met agterdog:
"Wie wil weet?"
Ek sê: "Net ek, sê maar tog?"
En die politikus sê: "Og, bedrog!"
Die queen sê: "Noudat alles klaar is,
dit was 'n anus horribalis!"
Die regter stel die vraag uit.
En ook die antwoord, dis wat ek dog.
Maar die sokkerspeler sê:
"Dankie, dit skop nog!"
Die tennisspeler maak dit net-net.
Die uwe sê: "Dankie vir u geduld,
dankie, dat as u gely het,
u tot nou gebly het!"
Die vakleerling sê hy's heppie,
want hy's tog nou 'n eppie!
Die wetenskaplike sê:
"Ek sal daaroor moet dink."
En x-eker sy antwoord stink!
Die yogi gaan sit en vou sy bene
en Zeus sê: "Goddelik, maar jy moet
my vrou, Hera, vra, my hene!"

Die Volksie ry oor die hen,
sy kon hom nie vermy nie,
sê sy: "Kyk so 'n ou haan, hy's groot,
maar hy't darem niks gekry nie!"

"Kom seun, jy's ouer as twaalf;
dis pubertyd om jou te vertel
van die lewe,
van die liefdespel:
jy's nog te jonk om te dink aan trou,
maar ek gaan jou vertel van man en vrou.
Weet jy hoe hulle vry,
hoe hulle babas kry?
Jy weet! Nou toe nou!
Maar so tussen pelle,
ek jou nou vertelle:
met die bye en die blomme
is dit presies dieselle!"

"Die hartseer van bewaring is,"
sê die omgewingsoom,
"Dalene Matthee se nuwe boek
heet Dongas om 'n boom..."

"Ag, hoe naar,
ons sien mekaar
net by 'n begraffenis,"
sê 'n pensioenaris.
"Ons moet mekaar meer sien,"
sê 'n weduwee,
terwyl sy 'n traan wegvee.
"Wee-jy," sê 'n ander,
"Wat my hinder:
hoe meer ons mekaar sien,
hoe meer word ons minder . . ."

"As jy sleg voel,"
sê die logiese alweter,
"trek net jou handskoene uit,
dan voel jy beter!"

"Ek moet meer aandag
aan ander mense wy:
kom ons praat nou weer 'n slag oor jou:
wat dink *jy* van my?"

My papegaai
het laat waai;
as iemand hom kry,
gee hom 'n rand om stil te bly?

Hy het 'n papegaai met 'n posduif gekruis,
die duiweboer van die Vaal,
nou weet hy by die huis
die duif sal pad vra as hy verdwaal.

Die volgende twee dra ek op aan twee wat ek in besonder bewonder.

Eers Boerneef

Boerneef sê hy weet nie
of hy rym, of hy dig,
of hy sing nie.
Dis nie die ding nie,
Vannermerwe;
maar jy het meesterlik daarmee volgehou
van jou stemkry tot jou sterwe.

En dan Eitemal

Op hoë ouderdom moes Eitemal 'n baie delikate en intieme operasie ondergaan. Die aand voor die verwydering van twee van 'n man se kosbaarste besittings, skryf hy hierdie vers aan die snydokter:

"Vir byna tagtig jaar
het ek met julle tweetjies baljaar ...
en nou bepaal ek in my *testament*:
'Dokter, ek gee hulle vir jou present,
ek sê jou wat:
gee hulle vir jou kat,
maar gee my die versekering
van afslag op my rekening ... .' "

Wat 'n man, wat 'n digter, wat 'n humoris! Duke, soos sy vriende hom genoem het, was enig. Salute the Duke!

"Wie gee om vir die taal?"
"Ek weet wat inflasie is:
met die prys van vleis,
en hoender en vis,
bly vanoggend se pap
vanaand se dis!"

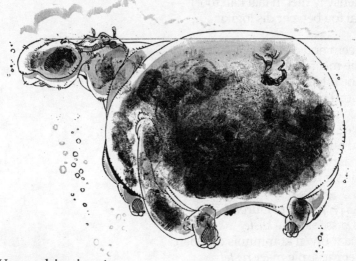

Verengelsing is net
"die punt van die ysberg".
Is ons taal verlore?
Ek kan my so vererg,
kom sê dit reg:
"Ons sien net die seekoei se ore!"

"Rome wasn't built in a day."
Dit sal altyd Engels bly,
maar as jy dit moet vertaal,
moet jy dit op die plaas gaan haal.
Moenie vir my lag nie,
maar sê: "Een sprinkaan
vreet nie een land
op in een dag nie!"

As Kasie Afrikaans wil leer,
sê almal pedagogies:
"Die taal is maklik, hoor, Meneer,
want dit is deurgaans logies!"

Maar ek het nuus vir hulle, hoor,
want niemand in u Suid-Afrika
(tensy jy met 'n taal kan toor)
sal tog beweer dis logika:

neem nou die woorde *las* en *gas;*
die meervoud: *laste, gaste;*
hoe logies dan *das* en *tas* —
word dit dan *daste, taste?*

Nee, *dasse* is die meervoud hier,
en hulle hang in *kaste,*
maar andersyds is sorghumbier
nie vir die blanke *raste*!

As jy 'n nooi in Durban soen,
is *kusse* aan die *kuste,*
maar bly 'n kommunis dit doen,
het *Russe* nie meer *ruste!*

Beduie gou die *pad* vir my:
die meervoud is mos *paaie?*
Dus logies — of wil jy stry? —
word *stad* in meervoud *staaie.*

Griek, Duitser, Portugees,
praat u ons land se taal?
Laat daar 'n oomblik stilte wees,
wyl ek my hoed afhaal!

My Engelse neef, John Boots,
moet sy Engelse oë laat toets:
staan daar "Gerrie",
lees hy "Herrie"
en verander die G in 'n H voor die voets!
Daar is nog iets wat John nie van wis nie,
ek sal aanhou en glad nie rus nie;
as hy sê "Suid-Afrika",
word dit "Suid-Afrikar"
en ry op 'n "kar" wat daar glad nie is nie!
Staan daar wel 'n R soos in "beer",
los hy die R uit, "o, weer!"
Nou skryf ek vir hom "Herrie Garmser"
en hy maak dit "Gerrie Harmse"
en hy lees dit reg, elke kee'!

'n Mens spot nie met sport nie,
o, donder!
En ek is nie so vreeslik dom nie,
ek wonder:
"Waarom het die beste span
dan nie eerste gekom nie?"

"Ek wil nie skool toe gaan nie ..."
en hy draai weer om en slaap.
"Kom, kom, kom, ek sal die kar gaan haal ..."
"Ek wil nie ..." en hy gaap.
"Jy moet, my skat, jy's die prinsipaal ..."

'n Terroris het 'n bom
op ons kragstasie gegooi
en nou skryf ek by 'n kersie:
"Moenie oorlog maak nie,
maak liewer 'n versie . . ."

Hulle sê 'n vrou
kan nie pad beduie nie,
watwou!
Vra liewer vir my ma
nie vir my pa nie:
my pa sal sy beduie
in die Kaap gaan haal;
jy sê net ja by tye,
maar jy weet jy gaan verdwaal.
Nee, vra nie vir my pa nie,
en nes jy ry, dan sê hy:
"Hou net aan, jy kan nie verkeerd gaan nie!"

Met pad soek is ek nie
so 'n groot aap nie,
maar ek kom nooit mooi reg
in die Kaap nie.
Ek wil van Vishoek
na Stellenbosch
(ek het my vishoek
in Stellenbosch gelos . . .)
Nou vra ek die man,
hy krap sy kop en sê:
"Kyk ek is nie dom nie,
maar jy kan nie van Vishoek af
in Stellenbosch kom nie!"

*T*oe

"Ma, ek is honger..."
"Gaan na Piet Brommer,
hy het tien sakke gars,
eet tot jy bars...
of bly daarsonner..."

Nou

"Ek sê, ou lady, ek's honger..."
"Moenie so bitch nie —
het ons nie 'n fridge nie?
Maak dit oop, jou punk,
kry vir jou 'n Kouk,
pelounie, en al daai junk!"

Toe

En die padda sê vir die prins:
"Kom gee my 'n soentjie,
doen jou bes..."
en hy soen die padda
en sy word 'n prinses!

Nou

Die prins soen die parra
en dit is die les:
die prins soen die parra
en daai parra word di prinses!

"Moenie huil nie,
moenie treur nie;
moenie huil nie,
nie al weer nie;
moenie huil nie,
jy is jonk:
lag liewer
op 'n jong heildronk!"

"Kom ons drink op die vroutjies,
so mooi en so viets:
Meneer, jy mag nooit
aan jou vrou slaan nie,
maar jy mag haar piets!"

"Ek drink op die modelman,
ek doen dit sonder berou;
ek drink op die modelman,
die man van elke ander vrou!"

"Ons drink op twee vroutjies
mag ons nooit daarvoor boet nie:
op ons skelmpies en ons vroutjies
mag hulle nooit mekaar ontmoet nie!"

Grapskrifte!

Grafgrawer Pik van den Graaff
skryf dit self, elke grappegraaf:
hy skryf dit vir die pret,
maar jy moet daarop let:
die grapskrifskrywer was baie braaf!

"Geniet die lewe,
dis kort en kragtig,
hier rus Ouma,
vyf en tagtig."

"Hier lê Stompie,
hy wou nie maar hy moes,
hy het sy longe
en sy lewe opgehoes."

"Ons dag in dié graf
lê ou rondloper Jannie;
allietyd is hy langsaan
by eensame Sannie!"

"Rus, my man,
rus maar goed,
rus as jy kan —
tot ons weer ontmoet!"

"Doodgebyt,
die skoonma van ou Joop;
nou wil almal
net die Rottweiler koop . . ."

"Hier lê sag, ons vriend, ou Fana,
hy's gedood deur 'n banana.
Hier lê hy koud, hier lê hy stil,
dit was nie sy piesang nie —
net die skil!"

"Hier lê die bakker
sy naam was Matthys:
sy ertappelsuurdeeg
het in sy moer in gerys!"

"Hier lê flenters,
G.E. Stook;
hy was stukkend,
sy remme ook!"

"Hy voed die wortels,
dokter Vroom,
hy was hoog in die takke,
sy kar teen die boom!"

"At sê koebaai,
ag, wat 'n skande:
met wind in sy gaai,
maar nie in sy bande!"

"Hier rus sy saak,
die advokaat,
hy het homself
hierin gepraat."

"Onder die sement
  lê die bouer, oom Wessel,
hy het homself
in dié hoek ingemessel."

"In die jaar van die aap
sterf hierdie Sjinees.
Hierdie fleurige letters sê:
'Dis klaar met kees!' "

"Hier rus ons dominie,
hy had 'n *biesondere* gawe,
om koste te bespaar,
het hy homself begrawe!"

"Met 'n glimlag lê hy,
die Engelse minister,
hulle't hom verras en veras
met die diakensuster!"

"Begrawe lê hy,
ou Gert van Tonder,
met 'n buffel gestoei,
ou Gert lê onder."

"Harry de Jager
is hier geplant,
hy het verloor
teen 'n olifant."

"Izak du Plessis
lê hier begrawe,
maar hulle moes darem
die renoster lawe."

"Johannes Lombard
    maak die aarde ryker.
Hy is deur 'n geroeste
ystervark gespyker!"

"Sonder 'n prys
sterf sy verniet:
dis nie 'n sprokie nie,
hier lê Griet!"

"Nuusmaker Vannermerwe
het vyf-oor gesterwe,
en so die sesuur
se nuus bederwe!"

"Ienkie, pienkie, ponkie
liefde dood dié donkie.
        Donkie dood
            innie sloot.
met liefde groot
        van
ienkie, pienkie, ponkie!"

"Hulle het hom begrawe,
maar hy was nie dood nie.
Haai, is dit nie naar nie:
hul't nie geweet
hy was 'n staatsamptenaar nie!"

"Hier slaap Faan Fourie,
hom dood gesprie,
'Fourie's a jolly good fellow!'
dood of nie."

"Niklaas is dood,
hy drink hom siek.
Niklaas maak 'n dop
saam met sy oom Niek . . ."

"Piem sê vir die prins:
'Jy moet ophou gharra!'
Toe verander hy die prins
in 'n verspringparra!"

"Hier lê Fanus
wat nou gedanus;
hy was amper groot
en die eerste keer in sy lewe
is hy ernstig —
dood..."